|정브르

134만 구독자를 보유한 생물 크리에이터. 곤충과 파충류부터 바다생물까지 다양한 생물을 소개하는 참신한 콘텐츠를 선보이며 생물 전문 크리에이터로 큰 사랑을 받고 있답니다. 유튜브 채널에서 동물 사육, 채집, 과학 실험 등의 재미있고 유익한 영상을 소개하고 있으며, 도서와 영화를 통해 고유의 콘텐츠와 더불어 동물을 사랑하는 마음까지 대중에게 알리고 있어요.

1판 1쇄 발행 2023년 10월 30일
1판 6쇄 발행 2024년 10월 31일

발행인 | 심정섭
편집인 | 안예남
편집장 | 최영미
편집자 | 김은솔
브랜드마케팅 담당 | 김지선
출판마케팅 담당 | 홍성현, 김호현
제작 | 정수호

발행처 | (주)서울문화사
등록일 | 1988년 2월 16일
등록번호 | 제 2-484
주소 | 서울특별시 용산구 새창로 221-19
전화 편집 | 02-799-9375 **출판마케팅** | 02-791-0708
본문 구성 | 덕윤웨이브 **디자인** | 권규빈

ISBN 979-11-6923-839-7
　　　979-11-6438-488-4 (세트)

©정브르. ©SANDBOX NETWORK Inc. ALL RIGHTS RESERVED.

차례

탐구 브르의 맹독 생물 탐구 노트-① • 4

1화. 타란툴라 독을 채취하다! • 6
독성 생물이 가득한 집 • 17
꿈틀꿈틀 독성 있는 왕지네의 맛은? • 20
놀이 브르의 다른 그림 찾기 • 28

2화. 무시무시한 벌집을 만나다! • 30
불개미 군대를 잡으러 가자! • 37

3화. 귀여운데 만지면 큰일 나는 나방 • 44
독액 뿜는 남가뢰를 잡다! • 51
개미에게 남가뢰의 맹독을 주었더니? • 59
놀이 브르의 숨은 그림 찾기 • 66

4화. 밀웜, 방울뱀의 독을 먹다? • 68
꼬리에서 딸랑딸랑 소리가 나는 방울뱀 • 76
브르, 멸종 위기 동물 구렁이를 만나다! • 83

| 탐구 | 브르의 맹독 생물 탐구 노트-② • 90 |

5화. 바다를 누비는 초대왕 독해파리 • 92
독해파리를 밀웜에게 주다! • 98

6화. 독 가시를 가진 맹독성 가오리 꼬리 • 106
독으로만 사냥하는 문어를 만나다! • 113

7화. 해독제도 없는 복어의 독 • 120
맹독성 복어 VS 밀웜 • 126

| 놀이 | 브르의 미로 찾기 • 133 |

정답 • 134

브르의 맹독 생물 탐구 노트 - ①

독이 있는 생물

'독'이란 여러 가지 화학 성분 중에서도 생물의 건강을 해칠 수 있는 성분을 말해요. 특히 적은 양으로도 큰 피해를 줄 수 있는 성분을 맹독이라고 하고, 이런 독을 가진 생물을 맹독 생물이라고 불러요. 독은 닿는 부위와 대상에 따라 증상이 조금씩 달라지기 때문에, 사람에게 위험한 독과 동물에게 위험한 독은 다를 수 있어요. 또, 건강 상태에 따라 약한 독에도 심한 증상이 나타날 수 있지요. 맹독 생물은 언제나 조심해야 하지만, 최근에는 맹독 생물의 독을 활용해서 치료제를 만드는 연구도 활발하게 진행 중이에요.

검은과부거미

파란고리문어

맹독 생물의 독 사용법

독은 먹잇감을 사냥할 때 편리하게 사용돼요. 독을 이용하면 자신보다 훨씬 크거나 빠른 생물도 쉽게 잡을 수 있어요. 또, 천적으로부터 몸을 방어할 때도 유리하지요. 천적에게 공격 당할 때, 독을 사용해서 상대를 제압한 후, 위험한 상황에서 탈출할 수 있어요.

맹독 생물의 독 부위

맹독 생물마다 독이 있는 부위가 달라요. 복어처럼 몸속 내장 기관에 독이 있는 생물도 있고, 해파리나 노랑가오리처럼 외부의 촉수, 독 가시 등에 독이 있는 생물도 있어요.

가시

주로 바다에 사는 생물이 독 가시를 가지고 있어요. 쏠배감펭, 노랑가오리, 독가시치 등의 바다 생물이 있지요.

독 촉수를 가지고 있는 대표적인 생물은 해파리예요. 해파리의 촉수에는 화살 모양의 독침인 자세포가 모여 있어요.

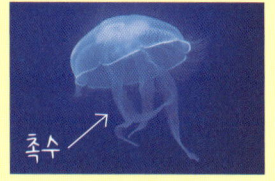

촉수

이빨

독니를 가진 대표적인 맹독 생물은 독사예요. 방울뱀, 코브라 등의 독사는 이빨을 통해 강력한 독을 주입할 수 있어요.

몸속에 독을 가지고 있는 대표적인 맹독 생물은 복어예요. 복어는 대부분이 내장 기관에 독을 가지고 있어요.

내장기관

1화 타란툴라 독을 채취하다!

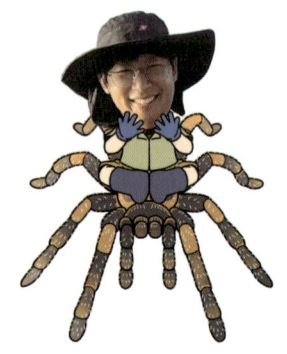

오늘은 재밌는 실험을 위해 타란툴라를 만나러 왔어요.

브르 어서 와!

어떤 친구들이 있을까요?

팜포베테우스SP.

브라질리안 블랙

안녕?

반가워~.

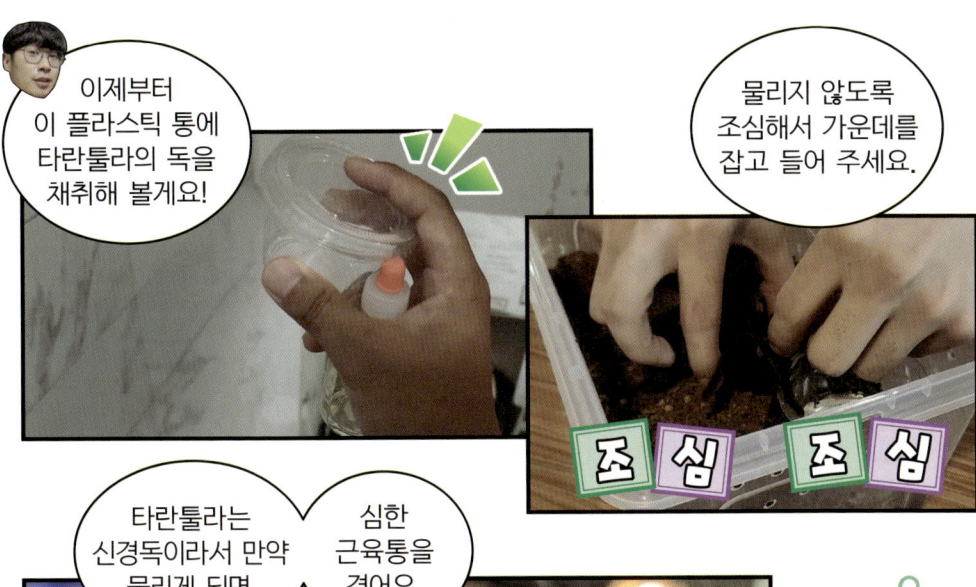

実제로 해외에서는 타란툴라 독을 채취해서 의약품으로 만들 수 있는지 실험을 많이 한다고 해요.

꾸욱

브린이를 위한 상식

다양한 연구 기관에서 타란툴라의 독을 의약품으로 활용할 수 있는지 연구하고 있어요. 실제로 지난 2016년, 호주의 퀸즈랜드 대학교 연구원들이 타란툴라의 독에서 진통제로 사용할 수 있는 성분을 발견하기도 했지요.

이 정도면 됐지?

수고했어~. 고마워!

별말씀을~.

이 친구는 코발트블루라는 타란툴라인데, 정말 사나워요.

덥석

브린이를 위한 상식

코발트블루는 타란툴라 중에서도 사나운 타란툴라로 유명해요. 집에서 사육할 때에도 탈출하거나 공격할 가능성이 높지요. 암컷이 짙은 파란색의 털을 가지고 있어서, 비슷한 색깔인 코발트블루라는 이름이 붙었어요.

*중화: 서로 다른 성질을 가진 것이 섞여 각각의 성질을 잃거나 중간의 성질을 띰.

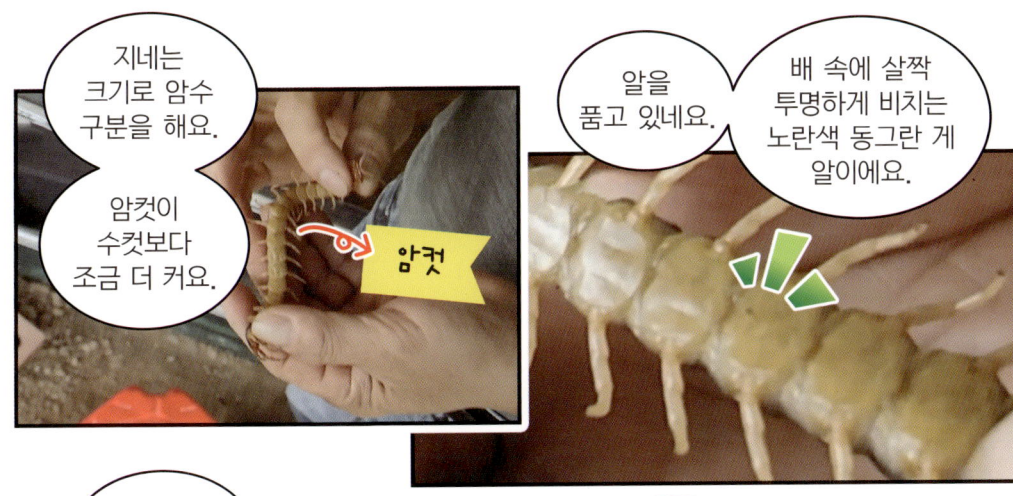

정브르의 생물 탐구

타란툴라는 독을 가지고 있는 독거미로, 이빨뿐만 아니라 털에도 독이 있어요. 보통 독아를 먹잇감에 꽂은 후 소화액을 주입하여 먹이를 녹여 먹어요.

★정브르의 생물 탐구★

생물 이름: 브라질리안 블랙

브라질리안 블랙은 브라질 지역에 서식하는 타란툴라로, 선명하고 아름다운 검은색 몸과 털을 가지고 있어요. 다른 타란툴라에 비해서는 독성이 약한 편이에요.

· 크기: 최대 약 20cm
· 먹이: 밀웜, 귀뚜라미 등
· 사는 곳: 브라질

영상으로 확인해 봐요!

★타란툴라의 종류★

타란툴라는 행동 방식에 따라 배회성, 버로우성, 나무위성 세 가지로 나눌 수 있어요. 배회성 타란툴라는 굴 근처를 돌아다니며 사냥하는 방식으로, 브라질리안 블랙과 멕시칸 레드니 등이 있어요.

깊은 땅굴 속에서 생활하는 버로우성 타란툴라로는 코발트블루가, 나무에 은신처를 만들어 두고 떠돌며 사냥하는 나무위성 타란툴라로는 앤틸리스 핑크토 등이 있지요.

멕시칸 레드니

앤틸리스 핑크토

2화
무시무시한 벌집을 만나다!

애앵~

오늘은 한강에 있는 말벌집을 제거하러 왔어요.

사람들을 위협하는 무서운 말벌!

좀말벌집을 발견했습니다.

위험하니 빨리 제거해 볼게요.

좀말벌집

부우웅

근처를 날아다니면서 저를 위협하고 있네요.

주섬 주섬

쏘이지 않게 보호장비를 꼭 착용해야 해요!

짠

30

브린이를 위한 상식

좀말벌은 대한민국, 중국, 일본 등에 서식하는 말벌로, 장수말벌과 비슷한 생김새를 가지고 있어요. 수벌과 암벌은 더듬이의 길이와 침의 유무로 구분할 수 있는데, 수벌은 암벌보다 더듬이가 길고 침이 없지요.

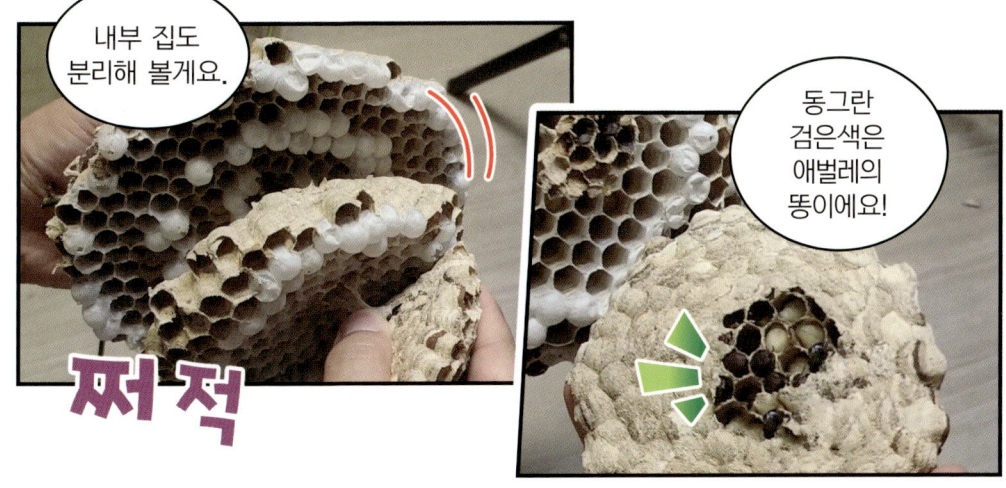

*고치: 벌레가 알, 애벌레 등을 보호하려고 실을 내어 지은 집.

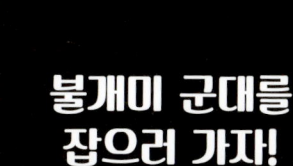

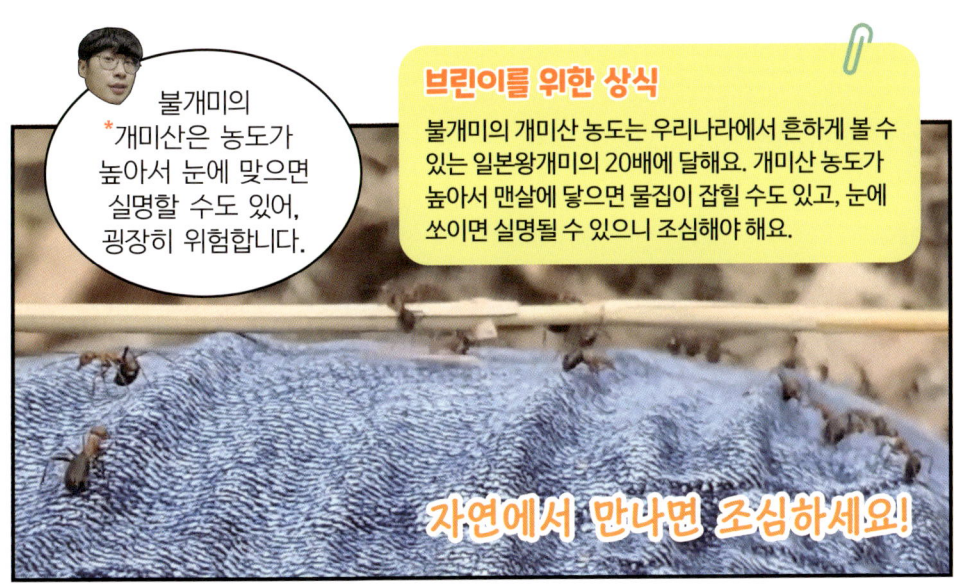

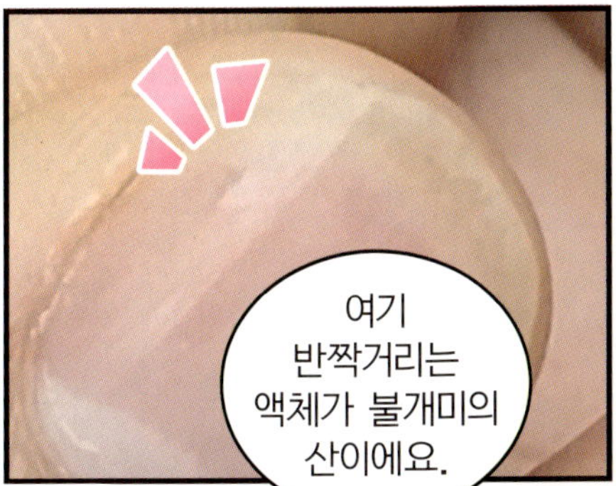

정브르의 생물 탐구

말벌은 이름의 '말'이 크다는 뜻이 있을 만큼, 꿀벌에 비해 큰 몸집과 강한 독성을 가지고 있어요. 말벌 유충들은 성충이 잡아 오는 작은 곤충을 먹으며 자라요.

영상으로 확인해 봐요!

★정브르의 생물 탐구★

생물 이름: 좀말벌

좀말벌은 덤불 속이나 나뭇가지 사이에 벌집을 지어 놓고 생활해요. 머리를 정면에서 보았을 때, 눈 사이에 있는 이마방패 아래쪽에 작은 돌기가 있어요.

- 크기: 약 20~30mm
- 먹이: 작은 곤충 등
- 사는 곳: 한국, 일본, 중국 등
- 특징: 장수말벌과 비슷하게 생김.

★말벌과 꿀벌의 차이★

말벌과 꿀벌은 독침의 모양, 독의 성분에서 차이가 있어요. 말벌의 독침은 바늘 모양으로 생겨서 한 번 찌른 후 다시 빼내는 게 가능하지만, 꿀벌의 독침은 갈고리 모양으로 생겼고 침과 내장이 이어져 있어, 쏘고 나서 빼는 순간 꿀벌이 죽음에 이르지요.

독의 성분이 달라 쏘였을 때 응급처치법이 달라요. 먼저 독침을 제거한 후 말벌의 독은 레몬으로, 꿀벌의 독은 비누로 씻어 중화할 수 있어요.

말벌

꿀벌

3화
귀여운데 만지면 큰일 나는 나방?

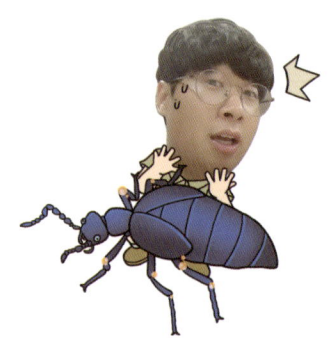

"내 능력 멋있지?"

"이 친구는 성장을 하거나 외부에서 자극을 받으면,"

"도마뱀 꼬리처럼 가시를 떼어 내는 능력이 있습니다."

"번데기가 되기 직전에는 가시를 일부러 떨어트린다고 해요."

브린이를 위한 상식
흑색무늬쐐기나방 애벌레는 여름이 지나면 땅속에서 고치를 만들고 성충으로 성장해요. 천적을 만나거나 위험을 느끼면 가시를 떨어트린다는 특징이 있지요.

성장한 모습

"모여 있으니까 예쁘네요. 풀냄새가 나는 것 같죠?"

옹기종기 모여있는 애벌레들

"뭐야, 여기 무서워!"

"오? 이 친구가 자극을 받았는지 등에 있는 가시를 떼어 냈어요!"

"도망가자!"

*기주 식물: 기생 생물에게 영양을 공급하는 생물.

*월동: 생물이 겨울을 극복하기 위해 하는 행동.

가뢰의 애벌레는 굉장히 독특해요.

애벌레들은 태어나면 식물에 붙어서 꽃인 척 살아갑니다.

브린이를 위한 상식

남가뢰 유충은 태어나자마자 본능적으로 근처의 꽃이나 식물로 이동해요. 꿀을 모으기 위해서 온 벌에 붙어서 벌이 벌집으로 돌아가면 벌집 안에 있는 애벌레와 꿀을 뺏어 먹으면서 성장하지요.

호박벌에 달라붙은 애벌레들

더듬이가 튀어나와 있고 조금 휘어 있는 친구가 수컷이에요.

가뢰들은 천적이 새 말고는 없을 정도로 독성의 세기가 강하다고 해요.

독이 손에 묻었을 때는 바로 비눗물로 씻어 주어야 합니다.

이 사진이 남가뢰의 독액 성분인 칸타리딘이 피부에 닿았을 때 생기는 물집입니다.

피부가 예민하신 분들은 더더욱 조심해야 돼요.

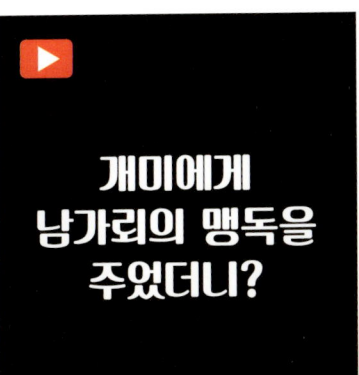

개미에게 남가뢰의 맹독을 주었더니?

이번엔 채집해 온 남가뢰의 독으로 실험을 해 보려 합니다!

남가뢰를 채집해 온 지 하루가 지났는데 알을 낳았어요!

알은 1mm 정도로 굉장히 작아요.

부화할지는 모르겠지만, 남가뢰는 번식력이 정말 좋아요.

남가뢰의 독액인 칸타리딘이라는 독을 개미들에게 먹여 볼 거예요.

브린이를 위한 상식

남가뢰는 칸타리딘이라는 독을 가지고 있는 곤충이에요. 건드리면 다리의 관절에서 노란색 독액이 나오지요. 남가뢰의 독이 사람의 맨살에 닿으면 통증과 함께 빨갛게 부어오르거나 물집이 생겨요.

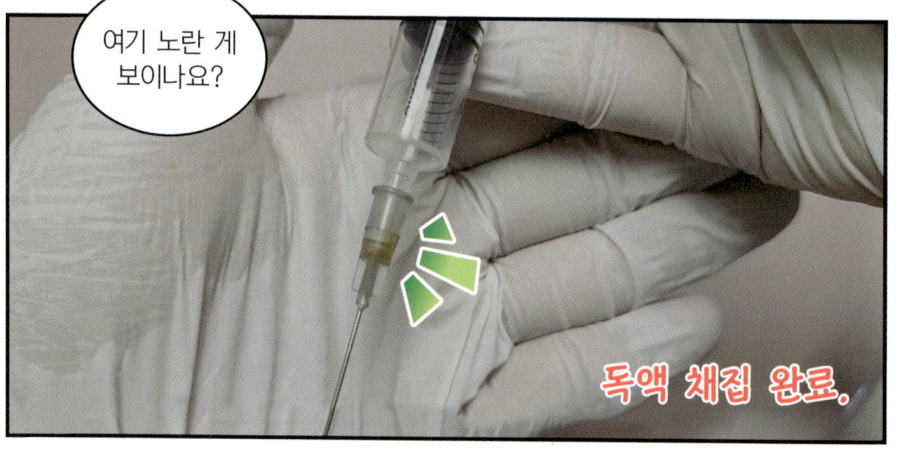

정브르의 생물 탐구

쐐기나방은 몸과 다리가 털로 덮여 있으며, 쐐기벌레라고 불리는 쐐기나방의 유충은 대부분 독침을 가지고 있어요. 우리나라에는 약 25종의 쐐기나방이 서식하고 있지요.

↑ 노랑쐐기나방 유충

★정브르의 생물 탐구★

생물 이름: 노랑쐐기나방

노랑쐐기나방은 주로 5월에 번데기가 되었다가 탈바꿈하여 6~8월쯤에 성충이 돼요. 나방은 빛에 반응하는 주광성 생물이어서 밤이 되면 가로등의 불빛에 모여들지요.

· 크기: 몸길이 약 16mm, 날개 길이 약 28~35mm
· 먹이: 과즙, 이슬 등
· 사는 곳: 한국, 일본, 중국 등
· 특징: 앞날개에 갈색 무늬가 있음.

★병해충★

병해충은 주로 농작물에 피해를 입히는 병과 해충을 뜻해요. 노랑쐐기나방의 유충은 나무의 잎을 전부 갉아 먹으면서 자라기 때문에 병해충으로 지정되어 있어요.

우리나라에는 다양한 나방의 유충이 작물에 피해를 주고 있어요. 과실 속으로 들어가 손해를 입히는 담배나방과 파, 마늘 등의 작물을 갉아 먹는 파좀나방 등 다양한 해충이 있지요.

↑ 병해충으로 피해 입은 농작물

브르의 숨은 그림 찾기

꼭꼭 숨어 있는 그림 5개를 찾아보세요.

4화
밀웜, 방울뱀의 독을 먹다?

*괴사: 생체 내의 조직이나 세포가 부분적으로 죽음.

밀웜부터 조금씩 반응을 보이고 있어요.

뭐야, 밥인가?

꿈틀

밀웜이 먹고 있어요!

냠냠

귀뚜라미도 반응을 보이네요.

이게 뭐지?

물로 착각해서 독을 먹을 수 있도록 물을 조금 묻혀 볼게요.

물인가?

물을 뿌리자마자 귀뚜라미가 먹고 있어요.

할짝 할짝

물 맛있네!

그래도 반응이 좀 별로예요.

귀뚜라미를 더 넣을게요.

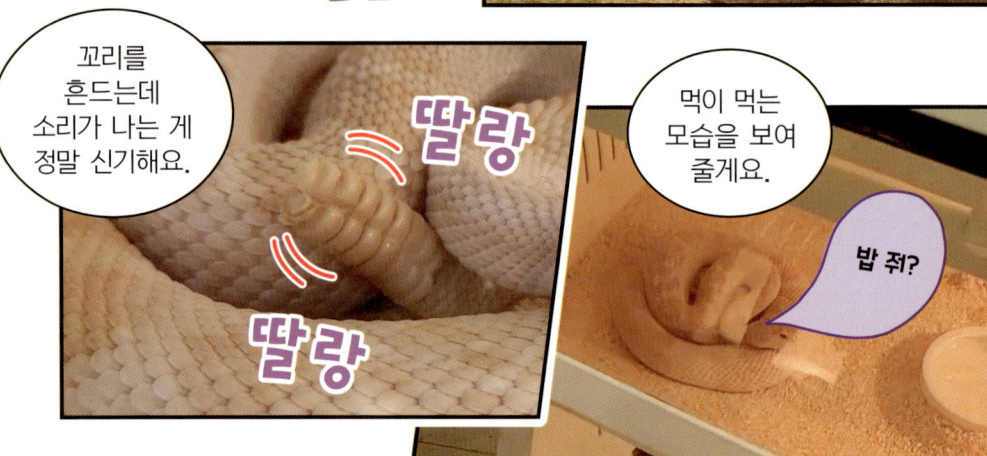

먹이가 죽었는지 확인하는 중인가 봐요.

쿵쿵

나 밥 먹는다?

힐끔

맛있게 먹으렴~.

쩌억

우걱 우걱

와아…. 살벌합니다!

맛있다!

씨익

*로드킬: 동물이 도로에 나왔다가 자동차 등에 치여 죽는 사고.

저는 119에 연락해서 잘 해결했지만

구렁이를 만질 수 없는 분들은 안정을 취한 후에, 신고해서 최대한 빠르게 가져갈 수 있도록 하면 됩니다.

독사에게 물렸을 때 대처법을 알려 줄게요. 냉찜질과 온찜질을 하면 절대 안 돼요.

첫 번째, 물린 부위가 심장 아래에 있게 해야 하고

두 번째, 심장 박동수가 올라가지 않게 흥분을 가라앉히고 안정을 취해야 해요.

세 번째는 골든타임이에요. 30분 이내에 병원에 도착해 치료받아야 해요.

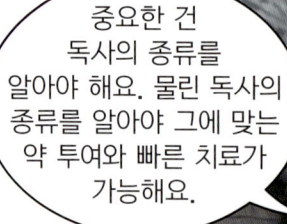

중요한 건 독사의 종류를 알아야 해요. 물린 독사의 종류를 알아야 그에 맞는 약 투여와 빠른 치료가 가능해요.

꼭 기억해서 안전사고에 대처하길 바랍니다!

브린이를 위한 상식

독사를 피하기 위해서는 산에 갈 때 긴 옷을 입고, 풀숲을 다닐 때도 주의해야 해요. 독사에게 물렸다면 빠르게 신고하거나 병원으로 이동해서 독이 몸 안에 퍼지는 것을 막아야 하지요.

정브르의 생물 탐구

방울뱀은 꼬리에서 나는 방울 소리로 위험으로부터 자신을 보호하고 천적을 위협해요. 그 때문에 소리가 크고 시끄럽지만, 정작 방울뱀은 자신이 내는 소리를 듣지 못해요.

★정브르의 생물 탐구★

생물 이름: 서부다이아몬드방울뱀

서부다이아몬드방울뱀은 방울뱀의 일종으로, 긴 독니를 가지고 있어요. 수컷이 더 크며 몸은 옅은 갈색이에요. 주로 모래나 흙에 파묻혀 먹잇감이 다가올 때까지 기다려서 사냥하지요.

· 크기: 약 1.5m
· 먹이: 쥐, 개구리 등
· 사는 곳: 미국, 멕시코의 반사막 지역
· 특징: 꼬리를 흔들면 방울 소리가 남.

영상으로 확인해 봐요!

★우리나라에 사는 독사★

우리나라에 사는 가장 대표적인 독사는 살무사예요. 살무사의 독은 출혈을 일으키는 출혈 독이며, 일반 뱀과 달리 삼각형 모양의 머리를 가지고 있어요. 주로 골짜기 주변에 서식하면서 쥐, 개구리 등을 잡아먹지요.

그 외에 우리나라에 서식하는 독사로는 유혈목이, 바다뱀 등이 있어요.

살무사

브르의 맹독 생물 탐구 노트-②

무시무시한 독을 가진 맹독 생물

상자해파리는 '바다의 말벌'이라고 불릴 만큼 강한 독을 가지고 있어요. 상자해파리에게 쏘이면 극심한 고통을 느낄 수 있으며, 상자해파리의 독으로 목숨을 잃는 사람도 많아요.

생물 이름: 상자해파리

생물 이름: 독화살개구리

독화살개구리는 독성을 가진 먹이를 먹어 독을 만들어 내는 특이한 능력이 있어요. 아마존 원주민들은 이 독으로 독화살을 만들어 사용하기도 했어요.

사탕수수두꺼비는 지구에 서식하는 두꺼비 중에서도 몸집이 큰 두꺼비예요. 사탕수수두꺼비의 독은 악어도 죽일 만큼 강력하지요.

생물 이름: 사탕수수두꺼비

생물 이름: 검은맘바

공격성이 강하고 입 안이 온통 검은색인 검은맘바는 블랙맘바라고도 불려요. 코브라과의 뱀답게 강한 독을 가지고 있어, 물리면 발작과 경련 같은 증상이 발생해요.

수컷 오리너구리의 뒷발에는 커다란 독 가시가 있어요. 오리너구리의 독은 신경독으로 심한 고통을 주지만, 당뇨병 치료에 도움이 된다는 연구 결과가 있어요.

생물 이름: 오리너구리

생물 이름: 박차날개기러기

혹부리기러기라고도 하는 박차날개기러기는 독을 가지고 있는 새예요. 독성이 있는 먹이를 먹어 몸속에 독을 저장하는 특징이 있어요.

5화 바다를 누비는 초대왕 독해파리

안녕하세요, 여러분. 이곳은 부산이에요!

오늘은 굉장히 많은 피해를 주고 있는 해파리를 만나 보고 어떻게 대처할지 알려 드리겠습니다.

과연 어떤 해파리일까~?

해파리의 개체 수가 작년에 비해 올해에 더 늘어났어요.

지구 온난화 현상으로 해수(바닷물) 온도가 상승해서 해파리의 먹이인 플랑크톤이 풍부해졌기 때문이라고 해요.

저기 있다!

멀지만 눈에 띄는 대형 그림자

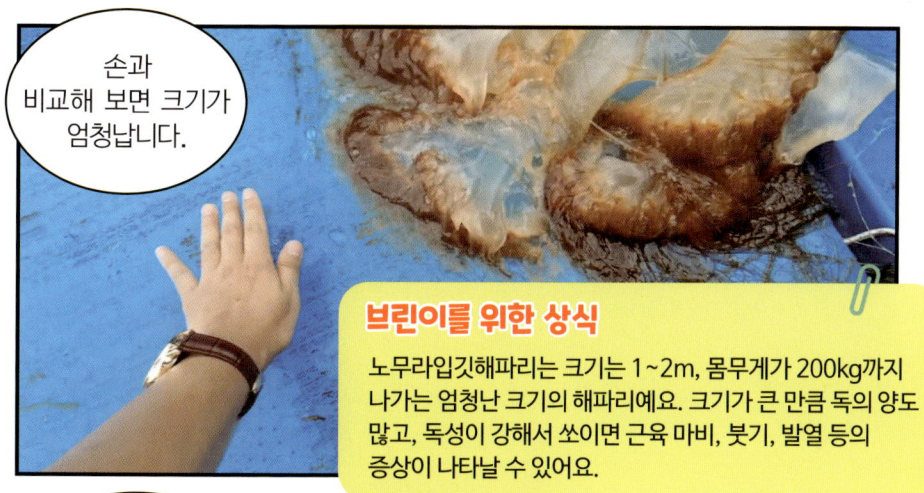

손과 비교해 보면 크기가 엄청납니다.

브린이를 위한 상식

노무라입깃해파리는 크기는 1~2m, 몸무게가 200kg까지 나가는 엄청난 크기의 해파리예요. 크기가 큰 만큼 독의 양도 많고, 독성이 강해서 쏘이면 근육 마비, 붓기, 발열 등의 증상이 나타날 수 있어요.

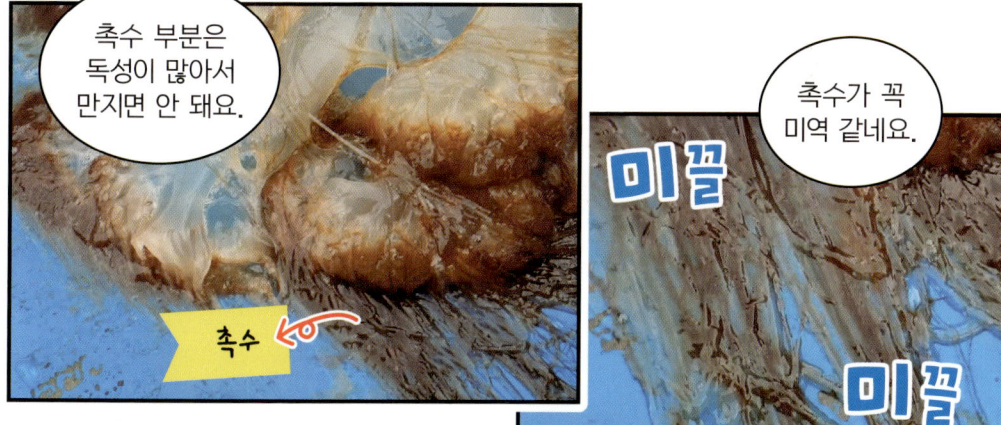

촉수 부분은 독성이 많아서 만지면 안 돼요.

촉수

촉수가 꼭 미역 같네요.

미끌 미끌

해파리의 촉수에는 찌르는 기관이 있어요.

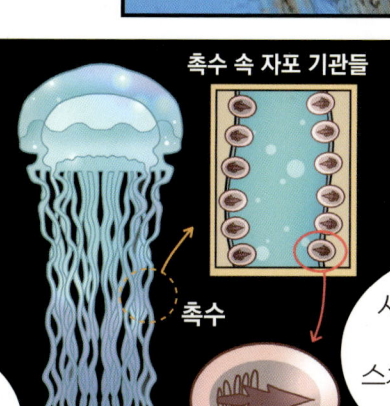

촉수 속 자포 기관들

촉수

이 자포 기관이 수억 개라고 합니다.

사람의 세포보다 더 작아서 스치기만 해도 바로 따끔거려요.

자포 기관 확대 모습

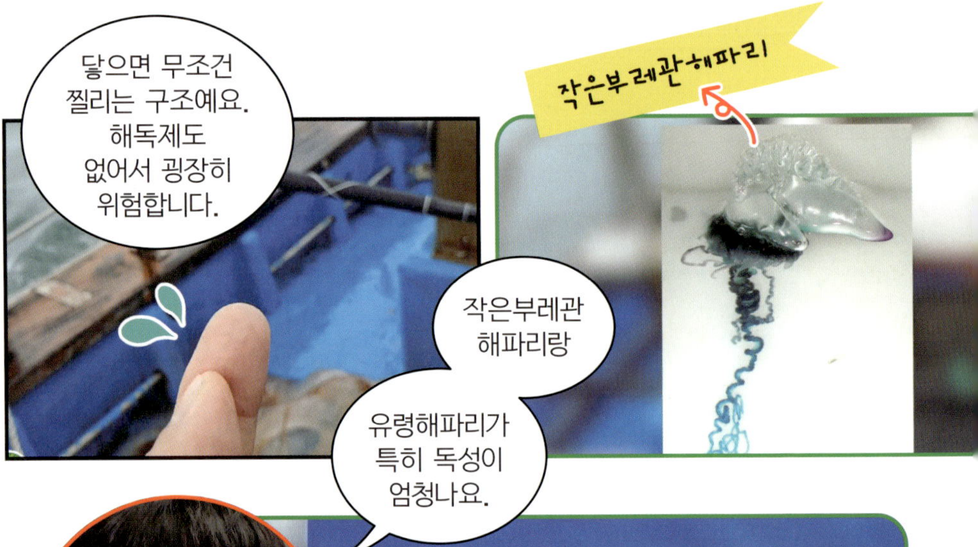

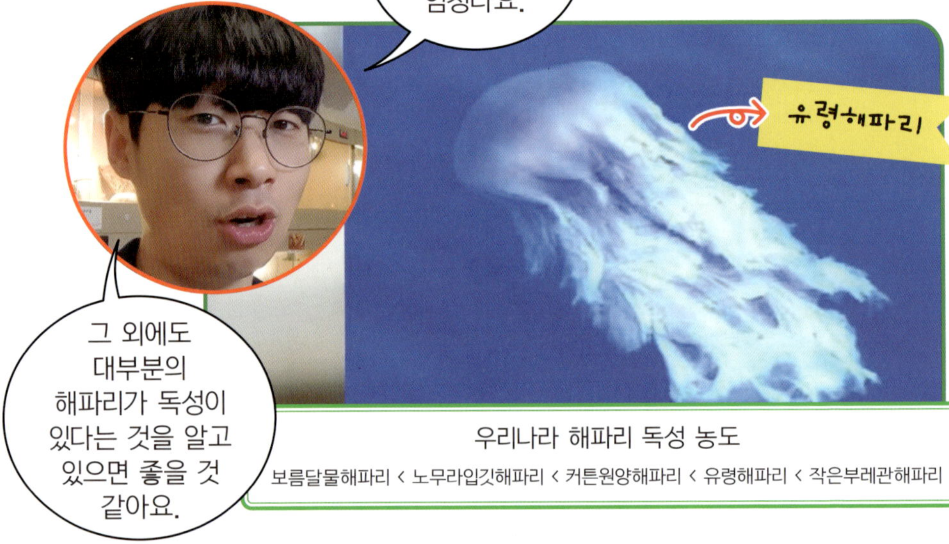

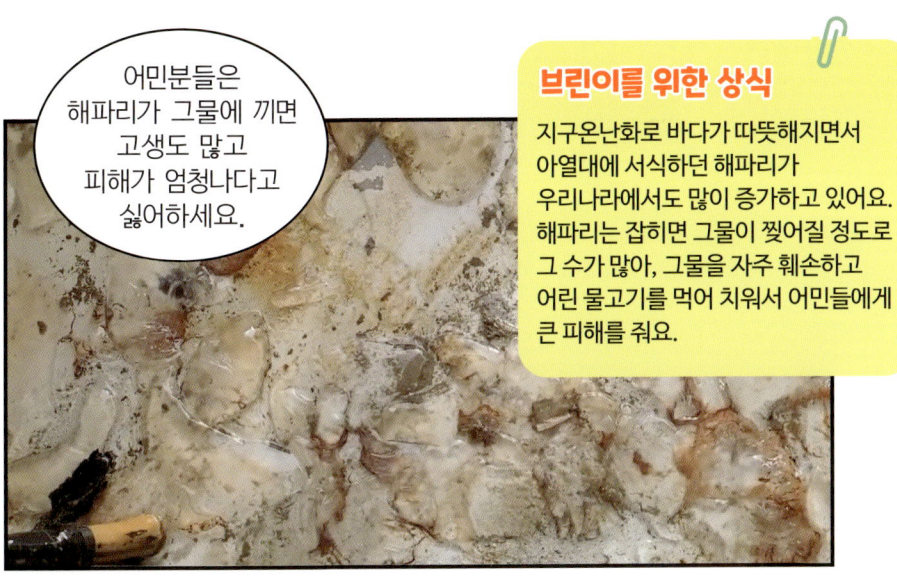

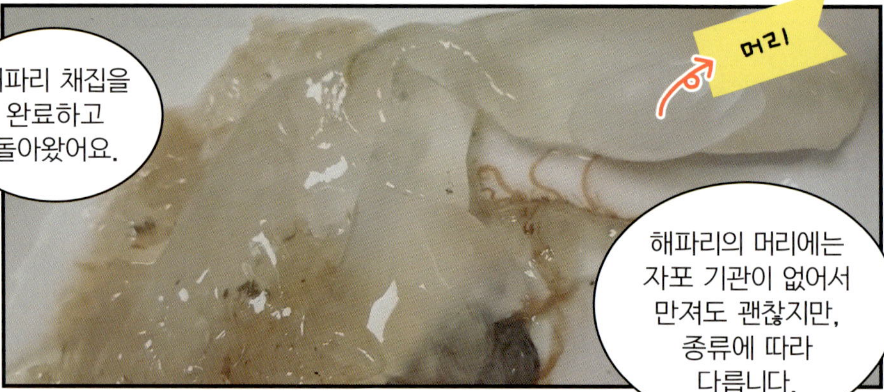

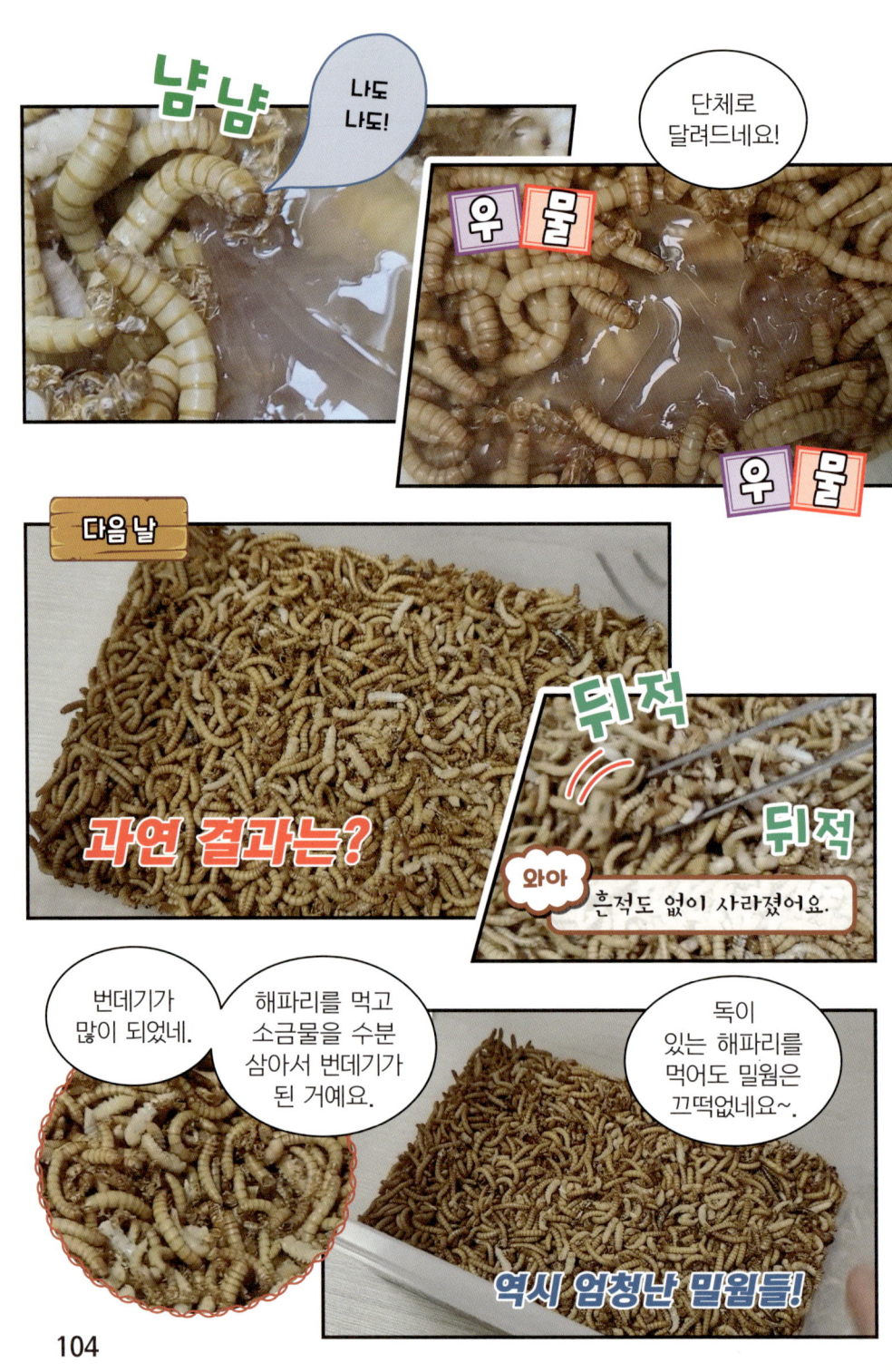

정브르의 생물 탐구

해파리는 움직이는 힘이 약해서 파도에 몸을 맡겨 바다를 떠돌아요. 그래서 운동 능력이 없는 플랑크톤에 해당하지요.

영상으로 확인해 봐요!

★정브르의 생물 탐구★

생물 이름: 노무라입깃해파리

노무라입깃해파리의 이름은 발견자인 노무라 칸이치의 이름에서 유래되었어요. 지구 온난화로 인해 한국 주변 바다에서 점차 많이 발견되면서, 어업뿐만 아니라 바다에 놀러 온 사람들에게도 큰 피해를 주고 있어요.

· 크기: 1m 이상
· 먹이: 플랑크톤, 작은 물고기
· 사는 곳: 한국, 일본, 중국 주변의 바다
· 특징: 무게가 약 200kg으로 매우 무거움.

★우리나라에 사는 해파리★

우리나라에서는 노무라입깃해파리 외에도 다양한 해파리가 발견돼요. 우리나라에서 가장 흔하게 발견되는 보름달물해파리는 몸체의 가운데 특이한 고리 무늬의 생식소를 가지고 있어요.

독성이 강하다고 알려진 작은부레관해파리는 파랗고 투명한 몸을 가지고 있어서 비닐봉지로 오해할 수 있어요. 여러 개체가 하나의 군체를 형성하여 몰려다녀요.

보름달물해파리

작은부레관해파리

6화
독 가시를 가진 맹독성 가오리 꼬리

오늘도 재밌는 실험을 하려고 밀웜을 많이 준비했어요.

확실한 결과가 궁금해서 방금 막 배송 온 밀웜으로 준비했어요.

노랑가오리

밀웜에게 방금 사 온 가오리 꼬리를 먹여 볼 거예요.

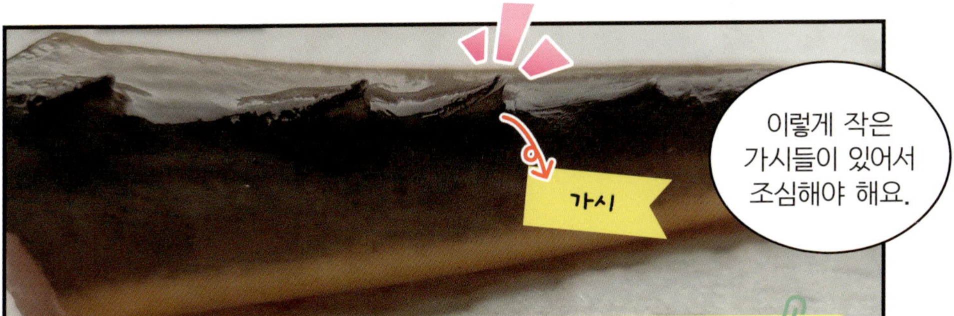

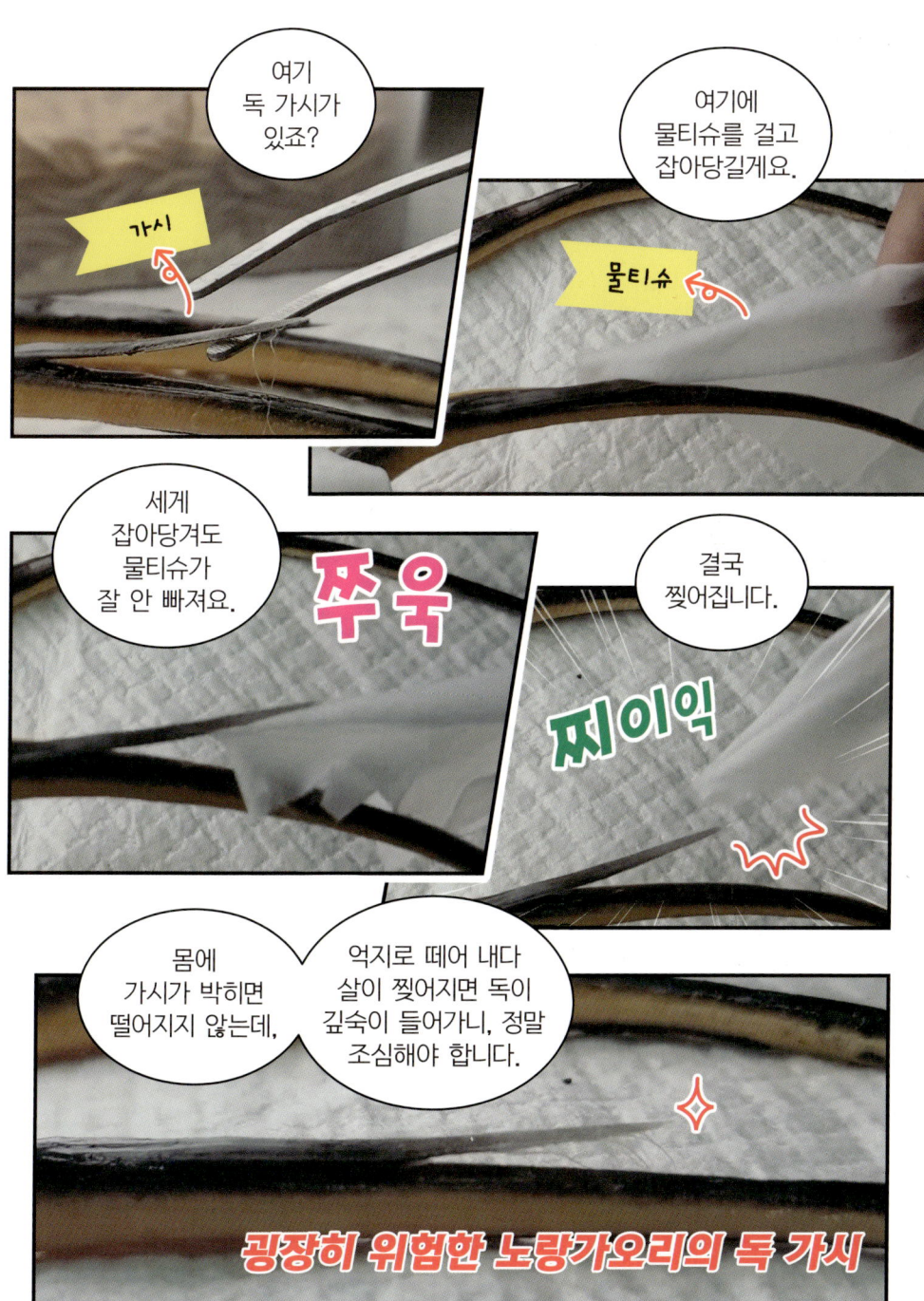

죽은 밀웜들도 발견되었어요.

그런데 독 때문에 죽은 것 같지는 않아요.

와아 깔끔하게 먹어 치웠네.

새까맣게 죽은 밀웜들

형체가 보이는 꼬리 뼈

뼈를 꺼내 볼게요.

스윽

작은 가시가 확실하게 보여요.

가시

*연골어류라 해서 뼈가 얇고 약할 줄 알았는데,

꽤 두껍고 튼튼한 뼈예요.

*연골어류: 뼈가 부드러운 연골로 이루어진 어류.

111

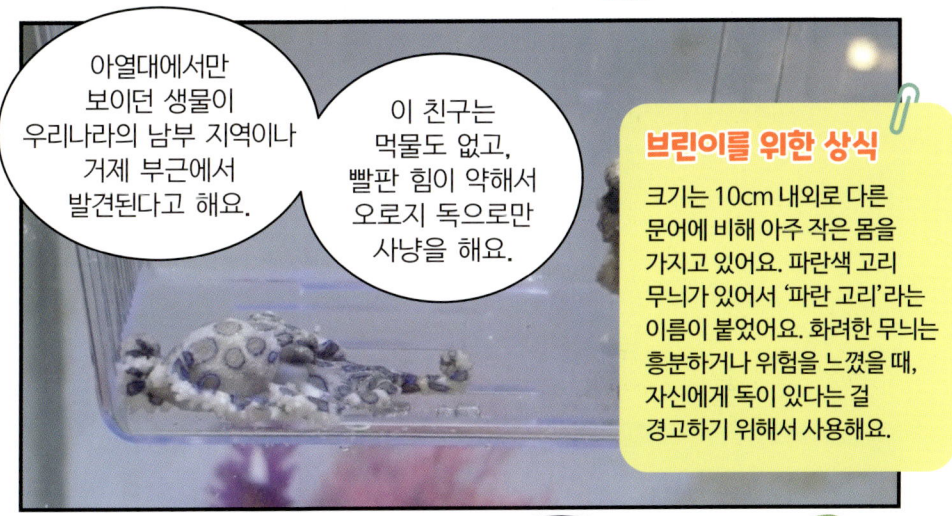

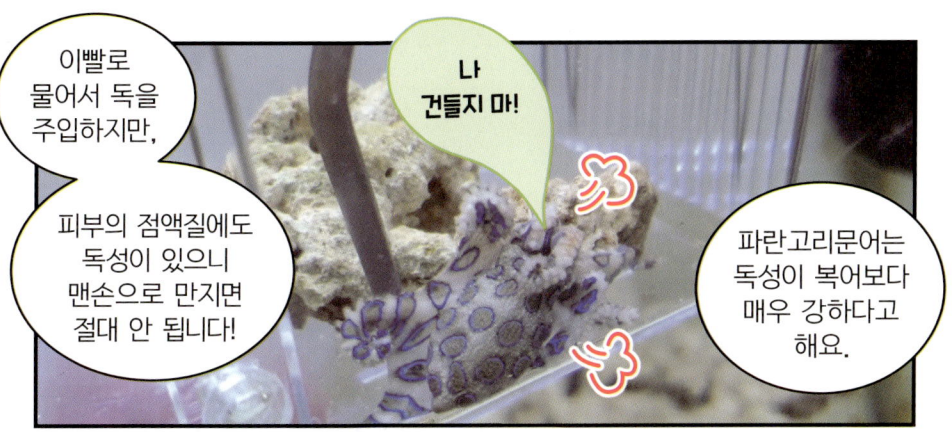

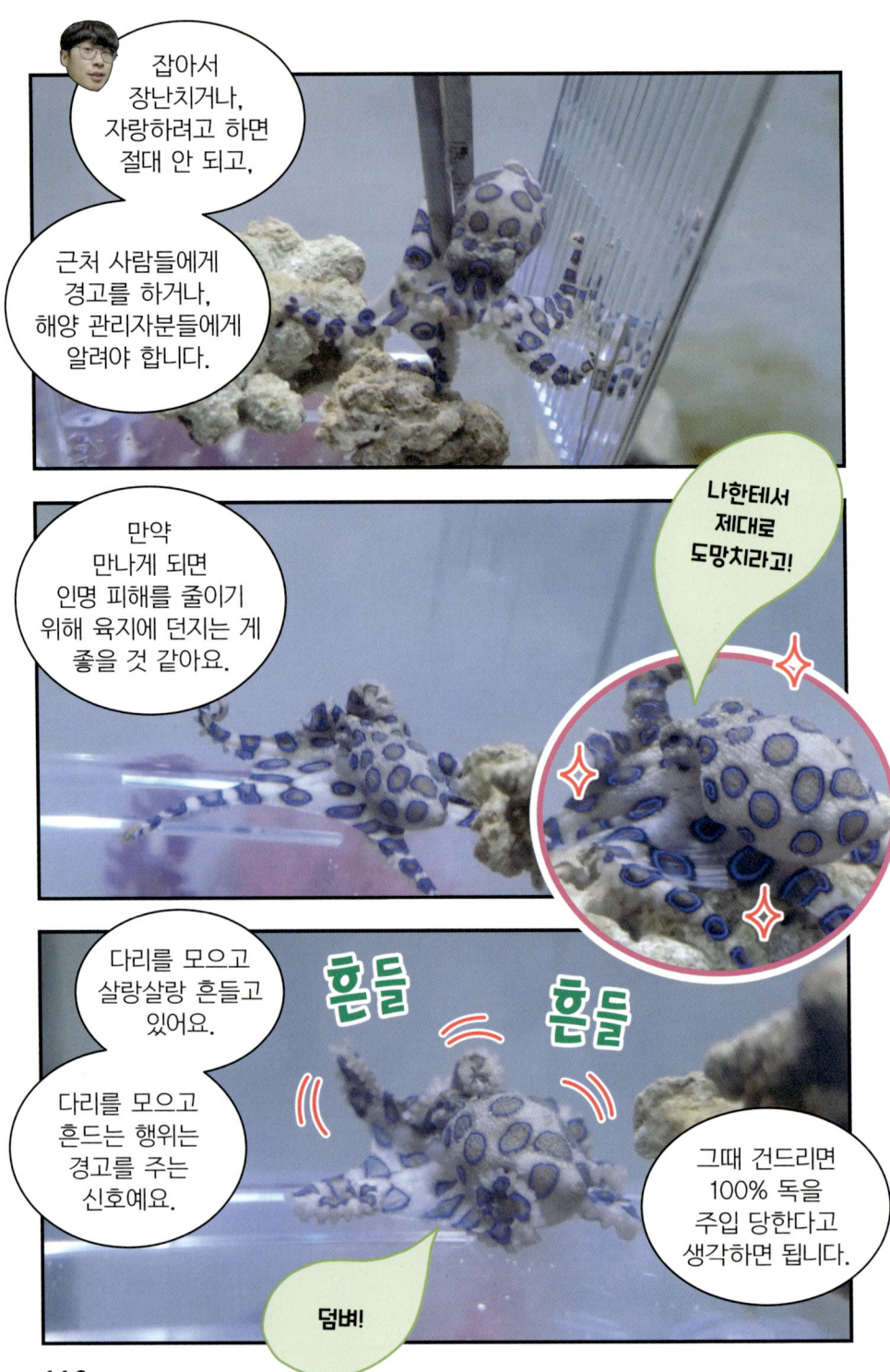

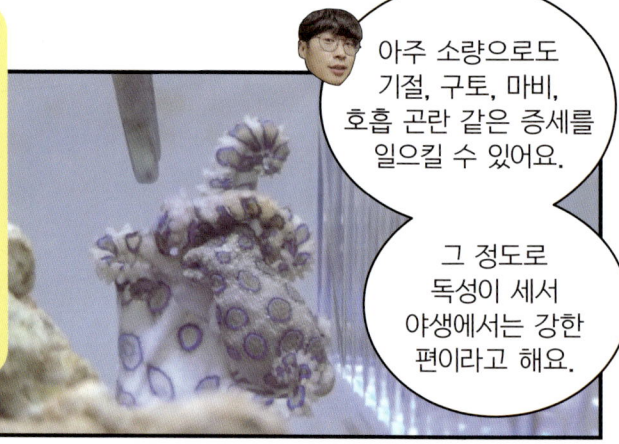

정브르의 생물 탐구

문어는 다리가 8개 있는 연체동물로, 주로 게, 새우와 같은 갑각류를 먹어요. 주변 환경과 비슷하게 몸 색깔이나 무늬를 바꿀 수 있어요.

★정브르의 생물 탐구★

생물 이름: 파란고리문어

따뜻한 남태평양 바다에 서식하는 파란고리문어는 무리를 이루지 않고 혼자 독립생활을 해요. 산호초, 바위와 같은 물체 아래에 숨어 있다가 다가오는 먹잇감을 독으로 사냥해서 먹어요.

- 크기: 약 10cm
- 먹이: 갑각류 등
- 사는 곳: 따뜻한 바다의 산호초, 암초 주변
- 특징: 몸에 파란색 고리 무늬가 있음.

★파란고리문어와 청산가리★

청산가리라고 알려진 맹독의 정식 명칭은 사이안화칼륨이에요. 사이안화칼륨에 노출되면 두통, 어지러움 등의 증상이 나타나고, 끝내 사망할 수도 있는 맹독이지요.

파란고리문어가 가지고 있는 테트로도톡신의 독성은 청산가리의 약 10배라고 알려져 있어요. 파란고리문어는 종종 해변에서 발견이 되어서 더욱 조심해야 해요.

파란고리문어

7화 해독제도 없는 복어의 독

오늘은 복어를 만나 보려고 아쿠아리움에 왔습니다!

다양한 생김새의 복어들이 많아요.

어서 와!

브린이를 위한 상식
복어는 테트로도톡신이라는 독을 가지고 있어요. 복어의 독은 뇌, 눈, 간 등 대부분의 내장 기관에 들어있는데, 아직까지 해독제가 없기 때문에 항상 조심해야 해요.

복어에게 바지락을 줘 보도록 하겠습니다!

복어는 이빨이 발달되어 있어서 단단한 조개나 어패류를 씹어 먹어요.

밥이다!

복어 등장!

조개

담수욕은 물고기 상태에 따라 3~5분 정도 진행해요.

이 친구는 상태가 좋아서 3분만 해도 된대요.

상태가 안 좋은 생물이 들어왔거나 바닥재의 청소 주기가 늦춰질 경우에는 기생충이 붙어요.

난 엄청 건강하다고~.

담수욕이 끝난 후 집으로 보내 줍니다.

휘익

고생했어~.

좌 악

담수욕을 할 두 번째 친구

파 악

헉!

부풀어 오른 복어!

깜짝 놀랐네. 널 위해서야. 친구야~!

집에 가고 싶어!

123

담수욕을 할 세 번째 친구

좌악

빵빵

너무 귀엽지 않나요?

남해안이나 제주도 근처에서 사는 철갑둥어가 있네요. 아주 보기 드문 물고기예요. 다 컸을 때 크기는 15~17cm 정도 입니다.

난 아주 귀한 몸이지!

너무 예쁘게 생긴 철갑둥어

사진에 보이는 것처럼 몸 전체가 다 뼈라서 지어진 이름이에요.

*비늘 또한 철갑을 두른 것 처럼 단단해 보이죠?

*비늘: 물고기나 뱀 등의 표피를 덮고 있는 얇고 단단한 조각.

*발광: 빛을 냄.

두 번째는 청자고둥입니다.

청자고둥

브린이를 위한 상식

단단한 껍데기를 지니고 있는 청자고둥은 코노톡신이라는 독을 가지고 있어요. 코노톡신의 종류는 다양한데, 이 중에서는 진통제로 활용할 수 있는 성분도 있어서 활발한 연구가 진행되고 있어요.

독 쏘는 모습

침을 쏘거나 물에 독을 풀어서 잡아먹어요.

사냥 후 먹는 모습

세 번째는 우리가 자주 먹는 어패류.

조개나 홍합에 삭시톡신이라는 마비 독이 있을 수 있어요.

먹을 때는 조심해야 합니다.

다음 날

와아 하루도 안 됐는데….

거의 다 먹었어!

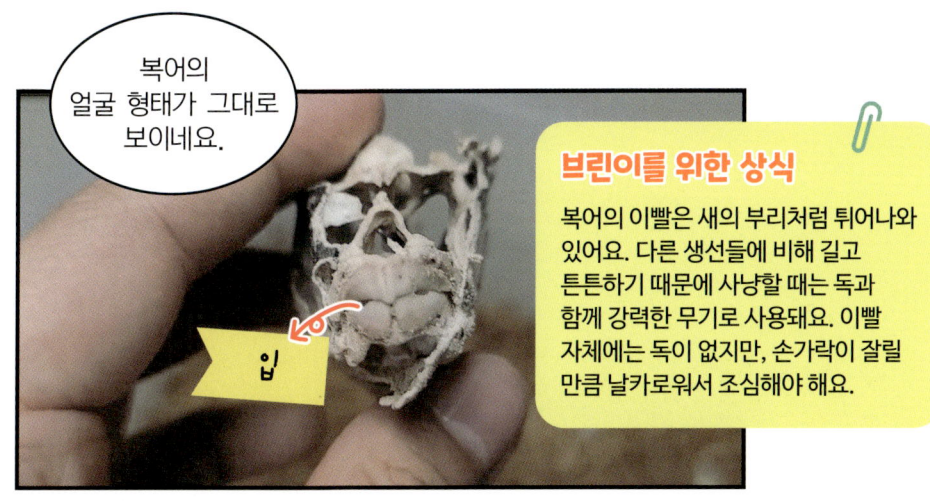

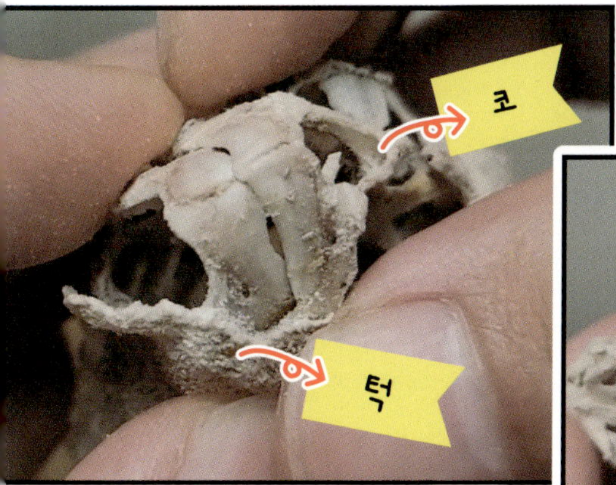

정브르의 생물 탐구

곤충, 뱀과 같이 물고기 중에도 독을 가지고 있는 물고기가 있어요. 독 가시를 가진 쏠배감펭처럼 외부에 독이 있는 물고기도 있고, 복어처럼 거의 온몸에 독이 있는 물고기도 있지요.

★정브르의 생물 탐구★

생물 이름: 쏠배감펭

쏠배감펭은 주로 수심이 얕고 육지와 가까운 따뜻한 물에 살아요. 화려한 지느러미가 사자 갈기처럼 보인다고 해서 외국에서는 'lionfish(라이언피시)'라고 불러요.

- 크기: 약 30cm
- 먹이: 어류, 갑각류
- 사는 곳: 수심이 얕은 따뜻한 물
- 특징: 몸에 갈색 띠가 있음.

★쏠배감펭의 이름 유래★

쏠배감펭의 이름은 쏨뱅이에서 유래되었다고 알려져 있고, 비슷한 이름 때문에 같은 종으로 오해를 받기도 해요.

쏠배감펭은 '쏘다'의 관형사형 '쏠'에 접미사 '뱅이'가 붙어 만들어진 '쏨뱅이'에 거칠다는 뜻의 '감풀다'에서 유래한 '감푼이'가 합쳐져서 '쏨뱅감푼'이 되었다가 그것이 변형되어서 쏠배감펭이 되었어요.

쏠배감펭

정답

28~29p

66~67p

133p

뚜식이의 과학일기

쉿! 뚜식이의 일기를 공개합니다!

원작 뚜식이
글 최유성
그림 신혜영
감수 및 과학 콘텐츠 이슬기(인지과학 박사)
감수 샌드박스네트워크
188쪽
값 14,000원

"아이들에게 추천하고 싶은 유익한 책."
- 뚜식이 담임 선생님 -

"중학생이 되기 전에 꼭 읽어 보고 싶어요!"
- 옆집 천평이 -

"곧 베스트셀러가 될 책!"
- 두식서점 사장님 -

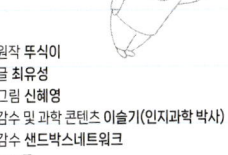

"왜 이렇게 화가 나지?"
"이 세상에 나 혼자만 있는 것 같아!"

뭐? 이런 내 마음이 모두 **뇌** 때문이라고?
사춘기, 나의 마음을 조절하는 뇌에 대해 알아보자!

엉뚱하고 귀여운 뚜식이의 일기 대공개!

©뚜식이, ©SANDBOX NETWORK. 구입문의 02-791-0708 (출판마케팅) 서울문화사

인기 게임 〈무한의 계단〉
발명코믹북 출간!

〈무한의 계단1권〉
에서 만나요!

정가 15,000원 | 168쪽

INFINITE STAIRS ⓒ NFLY.S

구입문의: 02-791-0708 서울문화사

구독자 수 132만 명
유튜브 조회 수 7억 회

생물 크리에이터 정브르와 떠나는 신비로운 생물 탐험!

정브르 시리즈 각 권 13,000원

브린이들 하이!
브르랑 다양한
생물 탐험 출발!

ⓒ정브르, ⓒSANDBOX NETWORK

구입 문의 (02)791-0754 서울문화사